Todo depende del
suelo

Por Barbara Gannett

CELEBRATION PRESS
Pearson Learning Group

Contenido

El suelo de la Tierra

Tal vez parezca simple suciedad, pero la tierra es mucho más que eso. El suelo de la Tierra hace posibles casi todos los tipos de vida terrestre. Guarda calor, agua y alimento para las plantas. Brinda refugio y alimento a los animales. La gente depende del suelo para la agricultura y el alimento.

Muchas plantas viven en el suelo.

El suelo se compone de fragmentos minúsculos de roca. Asimismo contiene fragmentos de plantas y animales muertos que están putrefactos o **descompuestos**. Millones de organismos diminutos vivos, como **bacterias** y **hongos**, también forman parte del suelo.

Haz la prueba

¿Qué hay en el suelo?

- Toma un puñado de tierra de tu patio o de un parque.
- Esparce la tierra sobre un papel.
- Observa la tierra con una lupa.
- ¿Qué ves? ¿Raíces? ¿Hojas muertas? ¿Guijarros? ¿Insectos? ¿Ramitas? Puede que veas todas esas cosas y más.
- Haz una lista de lo que encuentres. ¡Podría sorprenderte ver lo que hay en el suelo!

lombriz
hierba
piedra

3

Cómo se forma el suelo

El suelo se forma lentamente. Puede tomar más de 1,000 años para que se forme una pequeña cantidad. La mayor parte del suelo es una mezcla de cuatro materiales diferentes. La mayoría de los suelos están formados por fragmentos de rocas quebradas. Las piedras y las rocas se rompen en pedazos más pequeños por medio de un proceso llamado **desgaste**.

El suelo contiene rocas de todos los tamaños. Con el tiempo, el desgaste va rompiendo las rocas y las piedras.

El suelo también contiene **humus**. El humus está compuesto de fragmentos descompuestos de organismos muertos. El agua y el aire también son partes importantes del suelo, porque ocupan los espacios entre los fragmentos de roca y el humus.

escarabajo

hojas

lombriz de tierra

¿Qué es el humus?

La parte superior del suelo está habitada por criaturas muy pequeñas. Ahí también hay trozos de hojas en proceso de descomposición, y otras plantas y animales muertos. Con el tiempo, las bacterias y los hongos ayudan a la descomposición de estos organismos muertos y los convierten en humus. El humus contiene la mayoría de los **nutrientes** que las plantas necesitan para crecer.

Puedes ver la erosión de los campos a lo largo de las orillas del río Severn, en Gloucestershire, Reino Unido.

El viento y la lluvia pueden transportar la tierra a diferentes lugares. Esto se llama **erosión**. La erosión puede dañar terrenos agrícolas y **contaminar** ríos y arroyos.

A veces la erosión sucede rápidamente. Si no hay árboles o hierba, el viento y el agua pueden llevarse el suelo con mucha facilidad. La erosión ocurre más lentamente cuando se plantan árboles y hierba. Sus raíces mantienen el suelo en su sitio.

Capas del suelo

El suelo se forma en varias capas diferentes. Estas capas son muy distintas entre sí. El aspecto y la textura del suelo cambian a medida que se avanza en las profundidades de la Tierra.

La capa superior, llamada **mantillo**, está compuesta por los granos más pequeños. El mantillo contiene por lo general una gran cantidad de humus y nutrientes, que dan al suelo su color oscuro. Las plantas crecen bien en esta capa.

La capa debajo del mantillo se llama **subsuelo**. Esta tierra tiene granos más grandes, contiene menos humus que el mantillo y su color es más claro. El subsuelo contiene algunos nutrientes, debido a que la lluvia los transporta más abajo del mantillo. Las plantas no crecen bien en el subsuelo. La capa inferior está compuesta por una mezcla de guijarros y fragmentos de roca. Las plantas tampoco crecen bien aquí. En el fondo hay roca sólida llamada lecho rocoso.

Haz la prueba

¡Separa el suelo!

- Con una cuchara, echa un poco de tierra en un frasco de vidrio.
- Llena el frasco con agua.
- Coloca la tapa y luego agítalo.
- Deja que la mezcla se asiente por unos días.
- ¿Qué ves? Las piedras y la arena se depositan en el fondo. El humus sube a la superficie.

humus

agua

piedras y arena

¿Cómo son las capas del suelo?

Mantillo
- muchas raíces
- mucho humus
- granos finos

Subsuelo
- pocas raíces
- poco humus
- granos gruesos

Capa inferior
- sin raíces
- sin humus
- muchas piedras grandes

Lecho rocoso
- roca sólida
- aquí comienza la formación del suelo

Tipos de suelo

No todos los suelos son iguales. El suelo arenoso es pulverizado. Está compuesto por partículas minúsculas de roca. El agua se cuela rápidamente por él. El suelo **arcilloso** es mucho más liso. El agua no se cuela con la misma facilidad a través de sus finos granos. El **légamo** contiene granos de tamaño mediano que son más pequeños que los de arena, pero más grandes que los de arcilla. La **marga** es una mezcla de arena, arcilla y légamo. En ella crecen bien las plantas.

suelo arenoso

suelo arcilloso

 Haz la prueba

¡A cavar!
- Recoge diferentes tipos de tierra del suelo. También puedes usar tierra para macetas de la tienda.
- Frota un poco de tierra entre tus dedos.
- ¿Cómo se siente? ¿Es áspera o lisa? ¿Seca o húmeda? ¿Parece arena o arcilla?
- Prueba con otra muestra para comparar.

légamo

marga

Las cosechas como la lechuga se dan bien en tierra marga.

Algunas plantas pueden crecer en cualquier tipo de suelo. Otras crecen mejor en un tipo de suelo determinado. La marga es por lo general el mejor suelo para cultivar. Es rica en nutrientes, retiene el agua y también permite que el aire llegue a las raíces de las plantas.

El suelo arcilloso tiene muchos nutrientes. A pesar de eso, muchas plantas no crecen bien en él. El aire y el agua no pueden moverse con facilidad a través de las capas de arcilla. Las raíces de las plantas no pueden abrirse paso a través de la arcilla para encontrar agua. El suelo arenoso no retiene agua ni nutrientes suficientes como para que muchas plantas puedan crecer bien en él.

Pocas plantas pueden crecer bien en el suelo arenoso seco de este desierto en Jordania, un país del Oriente Medio.

Animales del suelo

oso australiano

topo

El suelo no es sólo un hogar para las plantas. Muchos animales también hacen ahí su hogar. Estos animales pueden ser tan grandes como un tejón o tan pequeños que ni puedes verlos. El suelo brinda a estos animales alimento, calor y protección. Algunos animales, como el oso australiano, el topo o el conejo, cavan bajo el suelo para hacer sus casas o **madrigueras**. Animales más pequeños, como lombrices e insectos, también viven en el suelo.

Las garras del topo son perfectas para cavar. Los topos cavan largos túneles bajo los campos y jardines.

tejón

La lombriz de tierra: la mejor ayudante del suelo

Los animales ayudan al suelo simplemente viviendo en él. A medida que se mueven por el suelo, mezclan las capas. El aire y el agua pueden pasar a través de las madrigueras para llegar a las raíces de las plantas. El agua y el aire también producen el desgaste de las rocas subterráneas.

Los habitantes del suelo que comen plantas u otros animales también ayudan al digerir su alimento. Devuelven al suelo parte de los nutrientes de su alimento en forma de desechos. Cuando estos animales mueren, sus restos se descomponen y se convierten en humus.

La lombriz de tierra es un animal del suelo muy importante. Ayuda al suelo de esta manera:

- La lombriz se alimenta de plantas en estado de descomposición y ayuda a desintegrarlas.

- Hace túneles que permiten que el aire y el agua entren al suelo. Estos túneles ayudan a que el aire y el agua lleguen más fácilmente a las raíces de las plantas.

- Ella mezcla las capas del suelo.

lombriz de tierra

Los suelos y la agricultura

Mantener saludable los suelos o mejorar los suelos poco fértiles ha sido siempre importante para los granjeros. Esto se debe a que la formación de suficiente suelo bueno para la siembra puede tardar miles de años. Los granjeros necesitan proteger el suelo que tienen.

Durante muchos años, los granjeros esparcieron desechos animales sobre su tierra para devolverle los nutrientes. Entonces, a medida que las granjas crecieron, algunos granjeros comenzaron a usar fertilizantes **manufacturados** para enriquecer el suelo, así como productos químicos llamados **pesticidas** para matar los insectos que se comían las cosechas.

Una avioneta rocía con pesticida un campo sembrado de frijol de soja en Missouri, Estados Unidos.

Insectos diminutos llamados pulgones son el alimento favorito de las mariquitas.

pulgones

mariquita

Ahora los granjeros saben que ciertos pesticidas pueden dañar el suelo y buscan maneras más seguras de proteger sus cosechas. Algunos granjeros usan mariquitas para controlar las plagas. Las mariquitas se alimentan de otros insectos, pero no de las plantas. Una mariquita puede comer durante su vida hasta ¡5,000 insectos!

Los granjeros han encontrado modos de detener la erosión del suelo. Cambian las cosechas que cultivan cada año, plantan árboles para bloquear el viento y aran los surcos alrededor de las colinas en lugar de arriba abajo. A veces los granjeros crean terrazas escalonadas en las pendientes muy escarpadas.

Estos campos de arroz escalonados en Bali usan la tierra de la mejor manera posible y ayudan a detener la erosión del suelo.

Cuidar el suelo

Ahora que sabes por qué el suelo es importante, podrías ayudar a cuidarlo. La gente puede ayudar el suelo añadiéndole abono compuesto. El abono compuesto es una mezcla de cosas secas, como hojas y hierba secas, y húmedas, como residuos de frutas y vegetales. Cuando estas cosas se combinan y caen en estado de descomposición, se vuelven humus. El abono compuesto ayuda al suelo y eso ayuda a la Tierra.

Haz la prueba

¡Crea tu propio humus!

- Recoge materiales secos, por ejemplo, hojas secas, podas de plantas y recortes de césped.
- Junta la misma cantidad de cosas húmedas, como sobras de frutas y vegetales, y borra de café.
- Combínalas en una pila especial al aire libre. Esta mezcla se llama abono compuesto. En un plazo de seis a ocho semanas, entrará en estado de descomposición y se volverá humus.

Glosario

arcilloso suelo compuesto de granos finos de roca desgastada

bacterias vida animal microscópica

contaminar agregar sustancias nocivas

descompuestos que se han corrompido lentamente

desgaste la descomposición de las rocas

erosión desgaste de las rocas o del suelo

hongos organismos como por ejemplo el moho

humus fragmentos de plantas y animales en estado de descomposición en la tierra

légamo suelo hecho de granos de tamaño mediano

madrigueras agujeros o túneles que cavan los animales

mantillo capa superior del suelo

manufacturados mercancías hechas a máquina, generalmente en grandes cantidades

marga mezcla de arcilla, légamo y arena

nutrientes materiales que las plantas y animales necesitan para vivir y crecer; alimento

pesticidas productos químicos que se usan para matar insectos y hierbas malas

subsuelo la capa del suelo que está debajo del mantillo

Índice